LE ROYALISME RÉGICIDE.

QUOTIDIENNE : GAZETTE.

C'est une remarquable publication, où l'auteur a tout sacrifié au noble but qu'il se propose : la *liberté* de MADAME ; où le *salut* de l'auguste captive passe bien avant les considérations *de parti*. (*Courrier de l'Europe :* 14 janvier.)

PARIS,

A. PIHAN DE LA FOREST, IMPRIMEUR,

RUE DES NOYERS, Nº 37.

1833.

« Royalistes, l'une des deux listes est signée par tels et
« tels journaux, et l'autre, par le roi. » (*l'Étoile.*)

« PAR LE ROI..........

« Misérable gazetier, qui fait présenter par la majesté
suprême, au scrutin de ses sujets, des candidats !

« Misérable qui fait prendre à la couronne sans tache,
une initiative qu'elle ne s'est pas réservée !

« Misérable qui expose la volonté royale, au jugement
hasardeux des boules !

« Misérable qui met en contact, en concurrence, la
signature des journaux et l'auguste seing du roi ! »
(*Une autre chambre* : 8 novembre 1827.)

Ainsi se comporte encore la *Gazette*, et de plus, et
surtout, la *Quotidienne.*

Honneur ni amour, respect ni pitié, rien ne les at-
teint, rien ne les retient.

L'ôtage, le gage du plus haut prix, est tombé dans les
mains du pouvoir.

Et le pouvoir est poltron, comme tout pouvoir nou-
veau : le pouvoir est rancunier, comme tout pouvoir
humain.

Or, que font les feuilles régicides ?

Le menacer et le défier ! l'insulter et l'outrager !

Certes, le pouvoir a tort de s'effrayer, de s'irriter.

Mais qui donc l'y poussa, l'y força, à bien dire ?

Lisez plutôt.

Versailles, 6 mars 1833.

———

Feuille maudite : on croirait que le génie révolutionnaire t'a prise à sa solde.

On croirait que la mission te fut confiée d'attirer dans le piège, la princesse abandonnée à ta foi.

Eh ! qui ne sait, qui ne voit Holirood ! tout en larmes de souvenir, à peine en espérance du temps.

Holirood n'entend qu'en Dieu, n'attend que de Dieu.

Au lieu que Sainte-Hélène nageait à plaisir dans un océan de sang, Holirood frémissait d'horreur à la première effusion.

C'est que c'était du sang français : c'est qu'ici, les veines ne contenaient que du pareil sang ; et que là, pas une seule goutte de ce sang n'animait le cœur.

Qui donc est intervenu à l'encontre des vœux, des vues.

Qui donc, traîtreusement ou imbécillement, a osé sous le voile des distances, attenter au cœur maternel, et le bercer de rêves, l'éblouir de lueurs ?

Trop loyale pour se défier, trop éloignée pour juger, la princesse a dû croire, n'a pu que croire ce qui lui était dit et redit.

« Princesse, ta patrie souffre et n'espère qu'en toi. Le vœu est presque unanime : le repentir vient se joindre aux douleurs.

« Princesse, donne-toi à la France ; la France se donne à toi. »

A peine la main est mise sur elle, qu'un éclat de lumière vient exposer à nu, vient découvrir au jour, sur le morne sol de la France, des têtes perdues, des cœurs pourris; et, il faut le dire, rien autre chose.

D'aucune part, le péril de la personne, ni l'honneur de la patrie, ne frappent, ne pèsent.

Là, il s'agit seulement d'une planche à jeter sur le torrent écumeux qui sépare des rives de la république; et peut-être d'une vie à lancer dans l'abîme, appelant autour d'elle d'autres vies, tant qu'il en soit comblé.

Ailleurs, c'est comme un engin, un bélier, dont il est fait usage, à l'effet de battre en brèche les murailles déja branlantes qui couvrent quelque peu le ministère.

Ici... veuille le ciel, cette fois moins rigoureux, détourner le coup qui jadis fut tant provoqué, qui est tant provoqué encore.

« Mais votre roi !... l'aimez-vous encore? y songez-vous seulement ?

(5)

« Si la crainte et la colère emportent vos ennemis; si l'insurrection se voit violemment excitée :.
il est en vue ; il est en tête.

« Eh! avez-vous une ame? la vengeance peut
franchir les marches du trône, et passer par des-
sus vous, qui seuls êtes coupables. » (*Écrits de
1790.*)

On ne sent , on n'entend pas plus qu'autrefois.

Tout à l'aise, tout à l'abri, on abonde en
phrases de mépris et de menaces, en phrases de
bravoure et de bravades.

On se complaît, on se délecte au récit des faits
glorieux : comme si l'être n'existant plus , sa mémoire était déja à honorer.

Il semble d'une victime dévouée au sacrifice,
qu'il n'y a plus qu'à orner de bandelettes , qu'à
couronner de fleurs.

Eh! taisez-vous , journalisme indigne, ignoble :
cessez de traduire en votre argot, les sentimens,
les pensées, encore renfermés au sein d'une ame
forte et haute.

Taisez-vous , journalisme , dont cette phrase
impie, qu'il a fallu relire dix fois pour en croire
ses yeux , apparaît dans les colonnes :

« L'opinion royaliste de 1832 est donc résumée
dans ce mot de madame la duchesse de Berri, qui
est le mot de toute la France : *Je ne veux pas
retourner avec les vieux.* » (*Gazette.*)

Taisez-vous , journalisme , dont cette autre

phrase, de même inouie, s'affiche aussi aux re-
gards :

« Qu'on y prenne garde cependant : tout est
sacré et *européen* en elle ; et le juste milieu répond de chacun de ses cheveux. » (*Quotidienne.*)

Ainsi, d'un bord, on fait renier, et comme
maudire, ceux ou celui de qui un fils tient son
droit, à qui un fils est remis en garde.

Ainsi, de l'autre bord, on vient braver et défier
et le juste milieu qui répond de tout, dit-on, et
la chambre et la nation, qui répondent du juste
milieu, tant qu'elles le gardent.

Vit-on jamais un tel contraste ?

Là haut, en Vendée, il n'y a que force et cons-
tance, que calme et patience en elle; et qu'amour,
honneur, dévouement autour d'elle :

Ici bas, à Paris, qu'est-ce que tant de vertus en
présence ; et tant de douleurs en mémoire; et tant
de périls en vue.

Rien que matière à journal ; rien que pâture à
langue, que chair à plume ; ainsi que sous Napoléon, la noble jeunesse de France faisait office de
chair à canon.

Ici et là, tout est métier; tout est gagne-pain.
Le compte de caisse, règle les mouvemens du
génie.

Quant à l'bonneur du pays, quant à l'intérêt
de la princesse : fort peu importe.

Cependant, le premier feu passé, à peine les

ennemis reviennent à la charge; cédant du ter-
rain, ce semble.

C'est du bord ami, ainsi qu'il se dénomme, qu'en
toute hâte et sans aucun répit, le filon précieux
est exploité.

Tel et tel, tantôt l'un, tantôt l'autre, soit pair
ou député, soit préfet ou conseiller-d'Etat, dans
l'ancien temps, éclatent à l'envi, à qui mieux
mieux.

Dieu garde qu'ils aient apparu au jour des
armes. L'éveil ne les surprend qu'au jour de la
plume.

Or le malheur veut, que leurs noms, presque
tous antipathiques, pour cause ou autre, à tort ou
à raison, portent effroi aux entichés de paix, aux
enivrés de pouvoir.

Et vraiment à un tel fracas, à un tel cliquetis, on
croirait que les forces y correspondent, qu'une
crise nouvelle s'apprête.

De là, au faîte, ébranlement des dispositions
jusqu'alors favorables.

De là surtout, dans les masses, réfroidissement
des sympathies, autrement si vives, si puissantes.

Que ne se taisaient-ils, que ne s'en tenaient-
ils aux douleurs, aux remords peut-être?

Pour lors, est-ce donc que le cri de l'ame émue
par l'infortune, irritée par la trahison, exaltée
par l'héroïsme, n'eût pas retenti sur le sol entier
de la France?

Est-ce donc que, toutes choses restant en l'état,

le château de Blaye menacerait encore de marquer le caractère français, d'une tache indélébile?

Qu'y avait-il à faire ?

Non pas des protestations, ni contre les actes passés, qui ne se prêtent à nulle réparation, ni contre les actes futurs, qu'une prévision injurieuse tend à aggraver plutôt qu'à adoucir.

Non pas des protestations chargées de blâme et de mépris, de bravades et de menaces : les unes, dont le mérite ou le démérite, n'importe en rien auprès de l'effet produit ; les autres, dont la futilité, la nullité, sont trop manifestes, pour exercer une influence propice.

Vraiment, il faut être né et nourri en ce dix-neuvième siècle, où en fait de sentiment, comme en fait de jugement, tout est perdu ; pour ne pas comprendre, qu'autant il est noble de défier la mort, planant sur sa propre tête, autant il est indigne de provoquer le coup suspendu sur une tête étrangère.

Non pas même, des adresses à l'illustre princesse, à laquelle il n'y a moyen de les faire parvenir, et dont la lecture, sans lui rien apprendre qu'elle ne sache, au sujet des signataires, lui porterait la triste connaissance de l'immensité des adhésions qui manquent.

Non pas des adresses, dont le nom et le nombre des soussignés, s'il n'est constaté que par un journal, appellent le doute, le ridicule, le scandale, et s'il est affiché au grand jour, n'atteste en forte partie, que le vœu de l'intérêt ou de l'ascendant.

Si par chance, ces adresses, ces protestations, viennent à prendre un caractère imposant, c'est trop clair: ou la colère ou l'épouvante, l'une et l'autre peut-être, se saisissant du pouvoir, exigent en dépit de ses desseins, qu'il ne relâche jamais, qu'il retienne sous une chaîne de plus en plus rude, celle dont les amis se montrent à la fois puissans et audacieux.

Eh! qu'avez-vous fait?

Ignorante en sa retraite, c'est de vous que la princesse est rendue responsable ; c'est par vous qu'elle sera traitée en coupable peut-être.

Au lieu que le sentiment s'est épanché, s'est exhalé en toute liberté, au grand risque de blesser et choquer le sentiment contraire ; il fallait sonder le cœur humain, et découvrir la fibre qui répond partout à peu près de même.

Certes, de tous les bords, pas encore oublieuse des derniers temps, l'ame s'était émue à voir celle qui fut presque reine, en fuite, en risque, en crainte peut-être, pendant six longs mois ; puis à la voir forcée, presque brûlée, aussitôt embarquée, enfin incarcérée.

C'est assez : car en France, deux points, le courage et l'infortune, ont raison des antécédens de haine.

Qu'on se garde d'en douter! sans l'exacerbation des journalistes et pamphlétaires, à laquelle il n'y avait moyen de s'allier, quelque Salvandy, quelque Janvier, se serait présenté, libellant une adresse ou pétition, sur ce thême peut-être.

« Donne-toi à la France : la France se donne à toi.

« Ainsi il a été tant dit, tant redit, qu'enfin la princesse y a pris foi.

« Comment entendre et ne pas croire?

« Comment tenir les oreilles fermées et demeurer les bras croisés?

« Eh! Dieu ne l'eût pas ordonné à une mère.

« Même l'homme ne l'eût pas pardonné à une mère.

« La princesse est venue, induite en erreur, contrainte par le devoir.

« Elle fut trompée ; n'est-elle pas punie?

« Elle fut trahie : n'est-elle pas sacrée? »

La passion paie, et elle est servie : le journal est payé et fait le service.

Ainsi et point autrement, la royauté y a passé, s'y est perdue corps et biens, de 1790 à 1793 : et y a passé, s'y est perdue seulement en titre, de 1829 à 1830.

N'était-ce donc pas assez ? Faudrait-il encore que sans y conniver, et pourtant non sans y coopérer, les royalistes traînés à la remorque des feuilles publiques, vinssent provoquer un dernier coup de la foudre menaçante.

Hélas, dans leur être, il s'opère une successive métamorphose de sentimens en regrets, de regrets en désirs, de désirs en espoir, et d'espoir en pleine foi.

Le jour approche, arrive : nul doute.

Dieu a parlé : Dieu agit, vous dis-je.

Au gré de sa toute puissance, les faits les plus funestes en apparence, vont tourner en causes propices.

Et voilà qu'on ne sait quel quidam, en sortant du théâtre ou de l'orgie, fait pour Madame la duchesse de Berry, qui n'a besoin d'être aidée en cette œuvre ni d'être guidée en ses voies, lui fait *des grandeurs nouvelles.*

Voilà que tels et tels, dont la voix sans cesse retentissante et répercutée de lieu en lieu, attira forcément au séjour des périls, *cette mère abusée;* ineptes au repentir, ignares en pudeur, tentent en toute façon à exploiter le lamentable évènement.

Voilà que quelques autres, dont à peine l'esprit songeait à la fugitive, pendant son séjour prolongé; et dont l'ame ne s'inquiétait guère des chances périlleuses de sa découverte finale, maintenant réveillés, s'efforcent par toute voie, à rattacher à sa situation présente, tant de dangers ce semble périmés.

Si d'elle-même, elle s'est fait des grandeurs nouvelles d'héroïsme, il écheoit à la plume de lui faire des grandeurs nouvelles de martyre.

Écoutez la *Quotidienne*. Osez la renvoyer : elle reviendra aussitôt.

Ecoutez la *Gazette*. Renvoyez-la devant le jury : autrement, vous vous rendez responsables.

Eh ! dès l'origine, puisqu'il n'y avait pas à se battre, il y avait à se taire.

Les coups seuls portent conviction : les mots ne portent que provocation.

Par le laps de temps, par le retour de mémoire, cheminant dans la paix du silence, peu à peu la passion se lassait et la raison se retrouvait.

Mais impatiens de hâter l'époque de maturité, votre propre passion est venue affronter et braver la passion contraire, ainsi irritée ; votre déraison s'est jetée au-devant de la déraison inverse, dès-lors justifiée.

D'autant que vos adversaires avançaient en un certain sens, d'autant il vous a plu de reculer dans le sens opposé.

Et le dix-neuvième siècle, qui s'est fait de la liberté une marotte plutôt qu'une bannière, a été ramené par la logique *Gazette*, aux libertés vivantes par éclair dans les siècles passés, mortes à demeure depuis le seizième siècle.

Et le siècle a été refoulé par la *Quotidienne*, moins raisonneuse et pas plus judicieuse, aux temps de Louis-le-Grand et de Napoléon ; sauf l'occurrence venant, à rechercher quelque tête, quelque bras, pour manœuvrer un tel pouvoir.

Mille et mille fois feuilles fatales à leur cause, dont les déportemens ne tendent qu'à rallier autour de la royauté nouvelle, par la répugnance et par l'épouvante qu'elles suscitent.

Au lieu que le parti qui lui donna l'être et le titre, laissé en paix et délivré de crainte, abandonné à ses principes de discorde, balotté de l'anarchie à l'arbitraire, allait bientôt, au rebours des premières espérances, fatiguer les esprits et dégoûter les cœurs, allait périr enfin.

Encore, jusqu'au 7 novembre, il ne s'agissait que des destinées de la société française : sujet prééminent à tout autre sans doute, mais aussi sujet dépendant d'une telle complication d'évènement, qu'à peine l'action de l'homme, en droit ou en faux sens, doit influer en une façon appréciable.

De sorte, que presque seuls, le devoir moral et l'honneur personnel obligent à lui consacrer toutes ses forces, à consommer le plus grand sacrifice.

Mais bien autre chose est apparue, au sein du sinistre, du funèbre chaos.

Rien moins que l'existence d'ineffable prix, lancée par un coup de foudre, chargée de périls sans nombre, balottée entre les partis, enfin froissée en tout sens.

Existence de telle nature, que fort au-dessus de l'intérêt infini qui s'attache à l'être, à la personne, un intérêt plus transcendant encore, y est enchaîné : l'intérêt du renom de la France, et parmi l'Europe contemporaine, et devant l'éternelle postérité.

Que dire partout ailleurs, que dire à tout jamais, alors que femme et mère et reine hier, à l'appel des craintes les plus ignobles, dans l'oubli de tout sentiment généreux, aurait péri peut-être, aurait failli périr au moins ; et là même, où elle s'était mariée, où elle avait enfanté, où elle aurait régné.

Or c'est à quoi, sans le désirer d'aucun bord, on travaille de tous les bords.

Les ennemis, les amis, fort éloignés de s'entendre dans leurs desseins, s'accordent toutefois vers la même fin : ceux-là retardant à mettre en liberté, par la crainte du parti qui les protège ; ceux-ci parvenant à les en écarter encore, par la crainte du parti qui les attaque.

Suivons les malencontreux erremens.

L'étincelle électrique est lancée de Paris, et se propage d'anneau en anneau, le long de l'immense chaîne des passions généreuses et égoïstes, à cette heure fondues ensemble.

Si l'ame avait parlé seule ; si les sentimens purs, les vraies douleurs, les espoirs timides, avaient seuls découlé de la plume, nul ne s'irritait, chacun s'attendrissait.

Mais l'ame se tient coi en l'asile des larmes : mais tout autre mobile, puise à la source amère, et verse à longs flots, le fiel.

Le plus souvent l'exaspération dicte le texte, et le livre à l'exaltation.

Parfois même, l'ambition, la vanité s'ingèrent dans la question de vie et de mort ; et si froides, si sèches qu'elles sont, tentent de se faire de la gloire, au péril de la personne sacrée.

Presque partout, la direction étant laissée à la merci des faiseurs, on voit prédominer les sentimens de haine, de colère, de vengeance même.

On n'entend pas, comment ces lauriers peu coûteux à recueillir, vont distiller le poison dans les veines de l'opinion influente, et du pouvoir régissant.

Quant au pouvoir, il y a presque à l'honorer pour son impassibilité, pour sa mansuétude.

Probablement il croit avoir le droit : car quel est l'être à face humaine, qui ne voie le droit où il voit l'intérêt.

Certainement il se sent avoir la force.

Et cependant il laisse dire et écrire : sauf quelques cas, où l'idée vaine de légalité le fait sortir de sa ligne habituelle.

Pauvres gens, dont le bout du nez donne le rayon de leur cercle intellectuel, vous vous entendez quelques-uns, et vous n'écoutez nuls autres ; et vous vous forgez de vous seuls, *un tout le monde.*

Ainsi vous exaltant à part, vous absorbant en vous-mêmes, la foi vous vient, foi intime, intuitive, que tout homme ressent ce que vous sentez.

Certes, se dit la foi, les cœurs généreux ne font qu'un, sont unanimes en respect, en amour pour la princesse.

Que répondre à la foi ?

Hélas ! c'est elle-même, trop impétueuse, trop présomptueuse, dont les accens hautains ont refoulé prêts à poindre, des sentimens, non pas à un tel point, mais de même sorte.

Oui, au moins hommage à l'héroïsme, au moins intérêt pour l'infortune, naissaient chez quiconque n'était pas de nature brute ou brutale.

Or, si ce n'est la crainte, la haine et la colère ont causé l'avortement.

Vous vous faites une arme de guerre, du sort de l'être sacré : vous vous faites de la noble personne, un gabion au devant de vos manœuvres.

Aussi, l'œil tourne autour de la princesse, et la laisse à l'écart, et saisit en arrière, le parti hostile.

Plus de salut dès-lors : son salut serait le signal de la perte.

Tu pâtiras, tu périras, auguste victime, sous le contre-coup des tentatives inconsidérées.

Tes ennemis n'ont qu'à t'achever : ce sont tes amis qui t'assassinent.

Le sacrifice en est-il fait ? Ainsi que dans la

première révolution, faut-il qu'une tête royale
soit dévouée, en hommage aux dieux infernaux,
comme pour se les rendre propices?

Eh bien! à quarante ans de distance, l'offrande
impie, de même sera agréée, de même sera ré-
tribuée.

En 1790, les mots ne disaient rien : en 1833, les
faits ne parlent pas.

Un jour fut, où cette même nation, mi-partie
abusée, mi-partie irritée, se laissa enserrer
d'une chaîne si rude, qu'un noble mouvement fut
impossible, lors du 21 janvier 1793.

Et voilà que vingt pénibles et cruelles années
ont eu à passer, avant que les destins se soient
permis de relever le trône abîmé dans un tel sang.

Vienne une autre catastrophe, moins hideuse
sans doute, toutefois plus honteuse ; de même
non voulue, de même soufferte et subie.

Et voilà encore, qu'un sentiment instinctif,
issu du reproche que souffle le passé, allié aux
craintes que porte l'avenir, se met en travers, et
des vœux renaissans, et des seuls espoirs restans.

En vain, l'expérience, la prévoyance rappelle-
raient l'ancienne royauté : au-devant d'elle, se
précipite la répugnance, plus puissante mille fois.

Quand la conscience ne se pardonne pas, comment croire que la vengeance pardonne?

Tout vient de la presse périodique.

Pour garder ses pratiques, et pour en attirer,

c'est son métier d'amuser les uns, de flatter les autres; là, excitant l'attention; ici, exaltant les passions.

La politique lui est un sujet : tantôt à fournir contes et historiettes; tantôt à forger du drame, du roman.

On serait mal venu à lui dire, que ses erremens ne tendent qu'à rallier autour du trône de juillet, quiconque tremble devant les crises prochaines, ou répugne à l'arbitraire futur ;

Qu'ils n'aboutissent qu'à rendre presque impossible, le maintien du régime présent, et bien plus impossible encore, le retour de l'ordre ancien.

Il ne suffit pas *que l'édifice actuel aille crouler;* il faut aussi, ce semble, *que l'enfant du miracle ne puisse sortir des ruines.*

On est déja fort mal venu à lui dire et redire, que chaque goutte d'encre dont s'imbibent ses colonnes, tourne en une goutte de sang qui se fige sur les murailles de Blaye.

Quelque délire, quelque vertige l'a saisi.

Parfois des complaintes, souvent des bravades, toujours des insultes, des menaces.

Par des prières, Dieu garde de reconnaître la force : avec des conseils, à Dieu ne plaise d'éclairer l'ennemi.

Si le vainqueur est le plus fort, le vaincu sera le plus fier : si le fait se trouve tout-puissant, le droit se maintiendra intact.

Du reste, advienne ce que pourra ! sans doute prison sans terme; peut-être mort de langueur....

Le monopole est partout; dans la presse, dans les collèges.

Le monopole, rempart honteux, dont se couvrent les minorités, qui tôt ou tard s'écroule sur elles.

Ici, le silence : là, le mensonge.

L'opinion royaliste n'a point de foyer où se se former, n'a point d'organe pour s'exprimer.

La presse, tantôt l'étouffe, et tantôt la simule.

Astucieuse, audacieuse, elle parle à chacun, comme au nom de tous : et entraîne tous, en dépit de chacun.

Il n'existe qu'une ombre, qu'un fantôme d'opinion, né des jeux de la presse.

Encore, le royalisme est en sentiment, plutôt qu'en opinion.

Chez lui, sous le coup de la fatalité, l'esprit de parti s'assoupit au moins; tandis que l'instinct d'ame se ravive d'autant.

Aussi, quels que soient les actes ostensibles, un seul vœu lui est propre, lui est intime.

Le respect de la race royale ; le salut de la personne royale.

En vue d'un tel prix, il n'est sacrifice, il n'est hommage peut-être, auxquels il ne se fût soumis.

En retour d'un tel prix, la reconnaissance, au moins tacite, ne manquerait pas.

Le royalisme sent et voit.

Une défaite eut lieu : une prisonniere reste. Il faut subir; il faut sauver.

Pendant que les auteurs de la défaite se font les assassins de la prisonnière, lui qui ne s'accuse point du revers, n'aspire qu'à la mise en liberté.

D'abord le salut de la personne : veuille le ciel !

Puis, le retour de la race : s'il plaît au ciel !

Qu'on cesse donc d'écouter ; ou même, dans l'intérêt du royalisme ; qu'on fasse taire les feuilles du monopole.

Qu'on ne se laisse plus tromper, au point de les prendre pour les organes de son sentiment, de son opinion.

Eh ! bon dieu, aussitôt la princesse délivrée, ce sera l'heure de voir qu'il n'y a rien de commun entre elles et lui.

Ici, la paix rentrant dans les cœurs : et là, le dépit de se voir enlever le canevas aux diatribes, troublant les esprits.

———

De la Captivité de Madame la duchesse de Berry. Prix : 5 fr.

IMPRIMERIE D'A. PIHÁN DE LA FOREST,
rue des Noyers, n° 37.